Lablache

P. Scudo

Paris, 1858

© 2024, Paul Scudo (domaine public)
Édition : BoD • Books on Demand GmbH, In de
Tarpen 42, 22848 Norderstedt (Allemagne)
Impression : Libri Plureos GmbH, Friedensallee
273, 22763 Hamburg (Allemagne)
ISBN : 978-2-3225-5424-9
Dépôt légal : août 2024

ARTISTES

CONTEMPORAINS

LABLACHE

L'année 1858 semble devoir être non moins désastreuse pour les arts que celle qui l'a précédée. A peine les dépouilles mortelles de Mlle Rachel ont-elles été déposées dans la nécropole de la grande cité qu'elle avait émerveillée de l'éclat de son talent, que Lablache disparaît aussi en laissant sur le théâtre où il a brillé pendant quarante ans un vide immense. Si l'on a eu raison de dire que la grande comédienne française emporte, sous les bandelettes qui enveloppent ses membres glacés, la tragédie du siècle de Louis XIV, l'une des plus nobles manifestations de la poésie dramatique, on peut affirmer, avec plus de vérité encore, qu'avec Lablache a disparu un des types les plus parfaits de l'ancien opéra bouffe italien. La gaieté est bien autrement personnelle, inhérente à l'individu et au milieu social où il se produit, que le don des larmes, ce témoignage universel de la pitié et de la tendresse humaines. On pleure toujours et partout pour les mêmes causes morales, tandis que le rire, qui naît d'une dissonance dans le rapport des choses, d'une disproportion entre la volonté et l'acte qui la révèle, est le signe d'un caractère et d'une civilisation particulière. *Dis-moi de quoi tu ris, et je te dirai quelle est la nature ou la portée de ton esprit,* a dit un philosophe. Aussi nous est-il plus facile de concevoir la tragédie grecque et de nous laisser émouvoir par le spectacle des mêmes infortunes que de reconstituer la société et les mœurs pour lesquelles ont été écrites les comédies d'Aristophane ou de Ménandre. L'opéra bouffe italien, tel qu'il a été créé au commencement du XVIIIe siècle par Vinci, Léo et Pergolèse, agrandi par Logroscino et Piccinni, perfectionné par Guglielmi, Paisiello et Cimarosa, transfiguré par Rossini, est le fruit exquis d'un art et d'une civilisation que nous voyons s'éteindre sous nos yeux. On fera autre chose sans doute, car je ne veux pas médire des siècles futurs, mais on ne produira plus de chefs- d'œuvre comme *le Mariage secret,* et on n'aura plus de chanteurs pour les interpréter comme Louis Lablache.

Ce grand artiste est né à Naples le 6 décembre 1795, d'un négociant français qui était venu s'y établir aux premiers troubles de la révolution française, en 1791. Sa mère, femme de beaucoup de caractère, était irlandaise. Le père de Lablache, dont les opinions politiques étaient celles de la grande génération de 1789, fut ruiné, et faillit être victime de la sanglante réaction qui eut lieu à Naples en 1799. La mère de Lablache fut aussi arrêtée. Lorsque Joseph Bonaparte fut nommé roi de Naples, il ordonna que toutes les familles françaises qui avaient souffert de la contre-révolution opérée par le cardinal Ruffo et ses bandits fussent indemnisées autant que possible des pertes qu'elles avaient éprouvées. C'est par un décret spécial du roi de Naples que Lablache fut admis au Collège royal de musique, la seule institution de ce genre qui existât alors et dans laquelle on avait fondu les trois célèbres écoles de musique du XVIIIe siècle, celle *dei Poveri di Jesu-Christo, di San-Onofrio* et la Pietà dei Turchini. *C'est en 1806 que Lablache, âgé de* onze ans, entra au conservatoire de Naples, dirigé alors par Tritta et Fenaroli. Conformément aux principes des vieilles écoles d'Italie, le jeune Lablache, en étudiant les élémens de la musique vocale ou *solfeggio*, apprenait aussi à préluder sur quelque instrument. Il ne paraît pas que les dispositions de notre grand virtuose fussent d'abord aussi évidentes que les succès qu'il a obtenus depuis dans toutes les capitales de l'Europe. Il était distrait, turbulent et fort indocile. Une circonstance, assure-t-on, vint tout à coup révéler sa vocation. Un de ses camarades devait jouer une partie de contre-basse dans un exercice public. L'élève tombe malade quelques jours avant. Le maître de Lablache lui dit alors : « Vous connaissez un peu le mécanisme du violoncelle, il ne vous sera donc pas impossible d'exécuter sur la contre-basse la partie de votre camarade. » Le jour venu, Lablache répondit avec succès à la bonne opinion qu'on avait eue de son aptitude. Si nous rapportons cette anecdote, qui traîne partout et que M. Fétis n'a pas dédaigné de. consigner dans sa *Biographie universelle des Musiciens*, ce n'est pas que nous y attachions une grande importance. Ce sont là de petites légendes que les hommes célèbres, surtout les virtuoses, aiment à propager. Lablache était fort habile et très fécond dans ce genre de fictions populaires. Il fallait l'écouter, s'amuser de son esprit et faire des réserves sur le fond historique. Impatient de jouir de sa liberté, Lablache s'enfuit plusieurs fois du conservatoire. L'autorité fut même obligée de le faire appréhender par des gendarmes qui le ramenèrent au bercail. Ces escapades de Lablache donnèrent lieu à une ordonnance royale, qui est encore en vigueur, et d'après laquelle il est défendu à tout entrepreneur de théâtre d'engager un élève du conservatoire sans la permission du gouvernement.

Enfin Lablache débuta au petit théâtre de San-Carlino, où l'on donnait des opéras bouffes en dialecte napolitain. C'était en 1812. Quelque temps après ses débuts, Lablache épousa la fille d'un célèbre comédien, Pinotti, et partit deux ans après pour Messine. Il ne passa qu'une saison dans cette ville, et se rendit à Palerme, où il fut engagé pour chanter le grand répertoire des opéras italiens. Lablache se fit entendre d'abord dans un opéra bien connu de Pavesi, *Ser Marc-*

Antonio, dont le sujet a beaucoup d'analogie avec celui du *Don Pasquale* de Donizetti. Le succès de Lablache fut si décisif et si général dans la vieille capitale de la Sicile, qu'il y est resté pendant cinq ans. Ce n'est qu'en 1820, au moment où la révolution de Naples venait d'éclater, que Lablache fut engagé au grand théâtre de la Scala à Milan. Il y excita un véritable enthousiasme dans le rôle de Dandini de la *Cenerentola* de Rossini. Il retourna en 1821 à Milan, où Mercadante écrivit pour lui le rôle du père dans son chef-d'œuvre, *Elisa e Claudio*. C'est à Milan aussi que Lablache rencontra en 1822 Meyerbeer, qui écrivit également pour lui un rôle dans son opéra *l'Esule di Granata*, chanté par la Pisaroni et le ténor Winter. Dans cet ouvrage, représenté le 12 mars 1822 au théâtre de la Scala, il y avait un duo entre Lablache et Mme Pisaroni qui produisait un très grand effet. En 1823, Lablache fut engagé par le fameux *imprésario* Barbaja pour le théâtre italien de Vienne.

Dans la ville d'Haydn, de Mozart et de Beethoven, qui était alors remplie de musiciens et de virtuoses de premier ordre, la réputation de Lablache ne fit que s'étendre et se consolider. On admirait sa voix magnifique, sa noble et belle figure, son jeu souple et divers, et son aptitude à saisir le style des maîtres les plus différens. Il était aussi à l'aise dans le *Don Juan* ou *le Nozze di Figaro* de Mozart que dans la musique de Rossini. C'est à Vienne que Lablache a chanté pour la première fois le rôle de Geronimo du *Mariage secret* de Cimarosa, qu'on n'y avait pas entendu depuis l'époque de sa création, en 1792. Lablache est resté attaché au théâtre de Vienne jusqu'en 1828. A la mort de Beethoven en 1827, Lablache chanta dans le *Requiem* de Mozart, qui fut exécuté à l'église des Augustins. En quittant Vienne, Lablache reçut une médaille qu'on avait fait frapper en son honneur, et sur laquelle on avait gravé une inscription qui proclamait son double talent de comédien et de chanteur.

De retour à Naples, où il avait déjà fait de nombreuses apparitions depuis 1824, Lablache chanta au théâtre de Saint-Charles avec un succès immense. Après avoir été à Parme pour l'inauguration du grand théâtre, où fut donné un opéra de Bellini, *Zaira*, Lablache vint à Paris et débuta au Théâtre-Italien, le 2 novembre 1830, par le rôle de Geronimo du *Mariage secret*. Le public, la presse et les amateurs les plus difficiles furent unanimes à reconnaître les qualités supérieures de ce grand artiste. Entouré de Mmes Tadolini et Méric-Lalande, du ténor David, qui n'était plus que l'ombre de lui-même[1] et de Zucchelli, qui chantait la partie du comte Robinson, Lablache dominait de sa taille colossale et de sa voix puissante tous ces artistes, d'ailleurs distingués. Il aborda successivement tous les rôles sérieux et comiques de son vaste répertoire. Il chanta tour à tour la partie de Figaro ou celle de Bartholo dans *le Barbier de Séville*, celles de don Magnifico et de Dandini dans la *Cenerentola*, Fernando ou le podesta dans *la Gazza ladra*, don Juan ou Leporello dans le chef-d'oeuvre sans pareil, la partie du comte ou celle de Figaro dans *le Nozze*, Elmiro dans *Otello*, Assur dans la *Semiramide*, Henri VIII dans *Anna Bolena. Les Puritains*, la *Lucia, Don Pasquale*, l'*Elisir d'amore* et divers autres ouvrages contemporains ont été des épreuves non moins décisives pour le talent de Lablache. Il a chanté dans le *Fidelio* de Beethoven, dans *Robert le Diable*, dans *les Huguenots* et dans *l'Ètoile du Nord*, traduite en italien et représentée à Londres en 1854. Nous l'avons vu à Paris, en 1851, dans *la Tempesta* de M. Halévy, donner une physionomie étonnante au personnage de Caliban. Pendant vingt-deux ans, Lablache n'a cessé d'être l'artiste privilégié du public de Paris et de Londres, où il allait chanter pendant la saison d'été, alternant ainsi d'une capitale à l'autre. En 1833, il fit une excursion à Naples, où il chanta le *Guillaume Tell* de Rossini avec une telle puissance d'effet que l'autorité en fut alarmée. En 1852, Lablache, qui ne voulait pas vieillir sur le théâtre de Paris, crut devoir accepter les offres avantageuses qui lui étaient faites depuis longtemps par l'intendant du théâtre italien de Saint-Pétersbourg. Le noble et grand artiste fut accueilli avec beaucoup de distinction par l'empereur Nicolas et le public choisi de la capitale de la Russie. Tous les ans, après avoir fini la saison de Londres, Lablache faisait ce long et périlleux voyage de Saint-Pétersbourg, qui a dû beaucoup le fatiguer. A la fin de l'hiver de 1857, Lablache, ne pouvant plus se faire illusion sur l'état de sa santé, demanda à se retirer définitivement du théâtre. L'empereur Alexandre II daigna lui témoigner ses regrets par des paroles affectueuses. Il lui envoya une médaille d'honneur avec le droit de la porter suspendue au cordon de l'ordre de Saint-André.

En traversant l'Allemagne, Lablache s'arrêta pendant deux mois aux eaux de Kissingen en Bavière, où il rencontra l'empereur Alexandre II, qui l'accueillit de nouveau avec une cordialité charmante. N'ayant pas éprouvé un grand soulagement de la vertu des eaux de Kissingen, Lablache, après un court séjour fait à Paris, se rendit à Naples, espérant que le beau climat qui l'avait vu naître lui serait plus propice. Ses vœux n'ont pas été exaucés. Après une longue et douloureuse maladie, le grand artiste est mort à Naples le 23 janvier 1858 d'une bronchite aiguë. Il était âgé de soixante-deux ans. Parmi les personnes qui l'assistaient en ses derniers momens, il y avait le *padre* Calveri, un moine qui a été lui-même un virtuose, et qui est le frère de ce même ténor Winter avec lequel Lablache a chanté si souvent dans sa longue et brillante carrière. D'après sa volonté, les restes mortels de Lablache ont été transportés à Paris, la ville qu'il a le plus aimée, parce qu'il y a été le mieux apprécié. Ses cendres reposent dans un caveau de famille à Maisons-Laffitte, où sa femme l'avait précédé de deux ans. Lablache a eu treize enfans, dont sept sont pleins de vie, et tous honorablement établis. L'un de ses fils, sorti de l'École polytechnique, est capitaine d'artillerie.

Lablache avait une des plus belles têtes qu'on ait vues au théâtre : un front large, une chevelure abondante, de grands yeux noirs, doux, intelligens, enchâssés sous une arcade bien garnie et admirablement dessinée, un grand nez aquilin, une bouche souriante ornée de dents fines et solides, des lèvres grasses et bien closes. C'était l'expression de la force et de l'intelligence à travers la beauté. Cette tête admirable, qui avait quelque chose du Jupiter-Olympien, et dont le front était toujours uni et serein, reposait sur un buste d'une charpente herculéenne, et le tout formait un ensemble imposant. On pouvait appliquer au physique de Lablache le signalement qu'on donne dans *la Gazza ladra* du déserteur Fernando Villabella : *cinque piedi, undici pollici, ochi neri, ampia fronte, e tondo il viso,* — cinq pieds et onze, pouce, yeux noirs, front large, visage rond, etc. Jusqu'à l'âge de trente ans, Lablache avait été un beau cavalier, sans que son embonpoint eût rien d'extraordinaire. Successivement il a été envahi par l'obésité extrême que tout le monde lui a connue, et dont il a tant souffert. Dans ce corps immense qu'animait un esprit aussi vif que pénétrant, la nature avait mis un organe qui répondait à la perfection de son œuvre. C'était une voix de basse profonde d'un timbre admirable et parfaitement limitée, car elle enfermait une octave et demie, à partir du *sol* en bas jusqu'au *ré* supérieur. Chaque note de cette voix incomparable résonnait comme une cloche et emplissait la salle la plus vaste sans le moindre effort. La voix de Lablache était d'une homogénéité rare. Aucune fissure, aucun interstice n'interrompait l'heureux emboîtement des registres sur lesquels le grand artiste roulait son tonnerre. Au-dessus de sa voix de poitrine, dont il pouvait amortir à volonté la sonorité puissante, Lablache possédait encore cinq ou six notes argentines de fausset, avec lesquelles il aimait à se jouer dans certaines scènes de haut comique. D'une justesse irréprochable, cette voix, qui pouvait au besoin parcourir jusqu'à deux octaves, était aussi d'une flexibilité proportionnée à son volume. Ses gammes ascendantes et descendantes roulaient comme sur une table d'harmonie qui en répercutait chaque note isolément et sans la plus légère solution de continuité. Cette vocalisation perlée et *pastosa*, comme disent si heureusement les Italiens, se déroulait sans effort et emplissait l'oreille d'une sonorité bienfaisante dont aucune voix française ne saurait produire l'effet. Lorsque Lablache voulait badiner avec sa voix de fausset, qui était d'une douceur extrême, il en faisait jaillir des caprices de vocalisation les uns plus ingénieux que les autres, et il pouvait lutter sans trop de désavantage avec la bravoure inspirée d'une Malibran. C'est ainsi que, dans le fameux duo de *la Prova d'un opera-seria*, on le vit un soir répondre à l'instant aux *rezzi* perfides de cette femme de génie qui s'efforçait d'embarrasser son Polyphème dans les détours d'un labyrinthe de vocalisations inextricables ; mais il n'était pas aisé de prendre Lablache au dépourvu de ruses. Lecteur consommé, aucune difficulté ne pouvait arrêter son essor. Ayant entendu les plus habiles virtuoses de son temps et quelques-uns du siècle passé, tels que David père, Ansani son rival, Crescentini et le vieux Pacchiarotti, Lablache avait la mémoire remplie de formes variées empruntées au style de tous les maîtres. A Vienne, il avait eu occasion de chanter la musique de Beethoven et de Weber et d'entendre les fugues de Bach ; à Londres, il avait pu admirer le puissant génie de Haendel et prendre part à l'exécution de ses oratorios; à Rome, il s'était familiarisé avec Palestrina et les chefs-d'œuvre de l'école romaine, qu'on chantait encore à la chapelle Sixtine conformément à la tradition dont l'abbé Baini avait conservé l'esprit. Lablache était un artiste complet, comme il s'en rencontre rarement au théâtre. Il connaissait autre chose que la musique contemporaine, qu'il appréciait à sa juste valeur. Son goût, épuré par des études solides, par les voyages et la fréquentation des hommes distingués de tous les pays, s'étendait sur des objets nombreux qui semblaient étrangers aux besoins immédiats d'un chanteur dramatique. Il aimait la peinture et les bons livres qui nourrissent l'esprit de vérités fécondes, et il avait dans l'âme, mêlé aux plus nobles sentimens de l'honnête homme, un amour caché, mais profond, pour le plus précieux de tous les biens de la vie, la liberté. C'était un héritage de famille qu'il n'a jamais répudié. Son père était mort ruiné et en exil pour des idées semblables, et sa mère, une femme forte, ne s'est jamais réconciliée avec les événemens qui avaient détruit les espérances de l'ère immortelle de 1789. Ceci nous rappelle un fait singulier concernant le père de Lablache. Arrêté pendant la tourmente contre-révolutionnaire de 1799, où l'infortuné et divin Cimarosa fut si maltraité, le père de Lablache fut conduit sur une place publique avec trente-six autres victimes pour y être fusillé par les pieux défenseurs de la monarchie et de la foi. Parmi les compagnons d'infortune de Lablache père, il y avait un moine. Après la première décharge, le moine, se sentant blessé, se laissa tomber à terre, en conseillant à Lablache de suivre son exemple. C'est par cet innocent stratagème que tous deux échappèrent à la mort. Après le congrès de Laybach, le vieux roi de Naples, qui se trouvait à Vienne, reçut en audience particulière Lablache. «Dis-moi, Lablache, lui dit le roi avec le ton populaire qui lui était familier, n'as-tu pas été un peu *carbonaro* pendant ton séjour à Palerme? — Oui, sire, répondit en riant le virtuose. — Voilà comme ils sont tous faits, » répliqua le roi en se tournant vers un courtisan. Depuis cette entrevue, qui valut à Lablache un engagement pour le théâtre Saint-Charles à Naples et sa nomination de chanteur à la chapelle du roi, le vieux Ferdinand IV n'applaudissait jamais Lablache, dont il aimait beaucoup le talent, sans ajouter tout bas : Bravo, *carbonaro porc* !....

Homme excellent et d'une probité sévère, Lablache avait les manières et les habitudes du monde le plus choisi. Il savait garder sa dignité d'artiste sans morgue, sans vaine ostentation d'indépendance, et se trouvait parfaitement à l'aise vis-à-vis des plus grands personnages qu'il eut l'occasion d'approcher pendant sa brillante carrière. Il a eu l'honneur de donner des conseils, sur l'art de chanter, à la reine Victoria d'Angleterre, qui n'a cessé de lui témoigner la plus gracieuse bienveillance. La mémoire de Lablache était riche en anecdotes de tous les genres, qu'il contait à ravir avec un mélange de finesse, de bonhomie et de jovialité napolitaines tout à fait inimitable. Parmi les curiosités et les objets d'art dont il aimait à s'entourer,

Lablache possédait une collection de tabatières aussi nombreuses qu'il y a de jours dans l'année, depuis la simple boîte en bois blanc jusqu'au joyau enrichi de diamans. C'était une fantaisie de priseur émérite, qui à la longue avait acquis l'intensité d'une véritable passion. Rossini n'amuse-t-il pas ses glorieux loisirs à collectionner des brimborions historiques, parmi lesquels se trouvent, il est vrai, un Benvenuto Cellini et un petit buffet d'orgue avec une sonnerie qui remonte à l'an 1505! Il faut bien que vieillesse se passe, et, puisque l'auteur de *Guillaume Tell* ne fait plus de chefs-d'œuvre, on doit lui savoir gré d'aimer, comme il le fait, les belles curiosités des temps passés.

Rossini n'a jamais rien composé pour Lablache : retenu longtemps en Sicile, l'éminent virtuose n'a jamais fait partie d'aucune troupe qui ait été sous la main de l'auteur du *Barbier de Séville*; mais si Lablache n'a pas eu l'honneur de servir de modèle à un si grand peintre des passions, il en comprenait bien le génie, et il appartient à la génération de chanteurs formés sous l'influence de l'œuvre de Rossini. Après Meyerbeer et Mercadante, que nous avons déjà cités, Paccini, Carafa, Bellini, Donizetti et M. Halévy sont les compositeurs qui ont eu l'occasion d'écrire pour la voix et le talent exceptionnels de Lablache. M. Carafa a composé deux opéras où Lablache avait un rôle important, *la Capricciosa, ed il Soldato*, à Rome en 1822, et *Abufar*, à Vienne en 1823. *Les Puritains* de Bellini, *Marino Faliero, Don Pasquale* de Donizetti, ont été écrits pour le Théâtre-Italien de Paris, et chantés par Lablache,

Tamburini, Rubini et Mme Grisi, une réunion de virtuoses qui fait époque dans l'histoire de l'Opéra-Italien.

A *l'Esule di Roma*, de Donizetti, représenté sur le théâtre de Saint-Charles, à Naples, en 1828, se rattache une anecdote qui a son prix. Donizetti n'avait encore que la réputation d'un jeune compositeur plein de facilité et pauvrement rétribué par les entrepreneurs de théâtres secondaires, lorsque le fameux Barbaja lui offrit d'écrire un opéra pour le théâtre de Saint-Charles. Donizetti accepte avec joie la proposition de Barbaja, en lui demandant humblement quels seraient ses émolumens. — *Soixante bons* ducats, répond l'*imprésario* en remuant dans sa poche des piles d'écus, — Le pauvre Donizetti se récria sur la modicité de la récompense, qui s'élevait à 250 francs. — Imbécile, lui répond le tout-puissant Barbaja, qui avait eu à sa solde Rossini et les plus admirables virtuoses du XIXe siècle, les soixante écus que je te donne, c'est pour que tu ne meures pas de faim; mais je te livre le plus grand théâtre du monde avec une troupe de chanteurs parmi lesquels se trouve Lablache ! Si ton opéra réussit, ta fortune est faite. — Les prévisions de Barbaja se sont accomplies, et de *l'Esule di Roma*, où se trouve un des plus beaux trios qu'il y ait dans un ouvrage dramatique, a commencé la grande et légitime célébrité de Donizetti. Lablache était admirable dans ce trio, qui est connu de toute l'Italie, et qui fut chanté dans l'origine par la Tosi et le ténor Winter. L'effet en fut si grand à la répétition générale, que l'orchestre s'arrêta pour mieux écouter la voix magnifique de Lablache! Ce fait rappelle l'histoire de Pacchiarotti, qui, avec des moyens différens, excita également une si vive émotion à la répétition d'un opéra nouveau, que, le chef d'orchestre ayant suspendu tout mouvement, le sopraniste lui demanda avec surprise: — Que faites-vous donc? — Nous vous écoutons, lui répondit-il.

Des virtuoses comme Lablache ne se forment pas en un jour. Indépendamment du concours de la nature, sans laquelle on ne produit que des monstres dans les arts de sentiment, il faut de longues études et de bonnes traditions. Dans le conservatoire de Naples, où Lablache a été élevé au milieu de nombreux condisciples, parmi lesquels se fit remarquer Manfroggi jeune, compositeur de la plus grande espérance, qui est mort à l'âge de vingt et un ans, il y avait d'excellens maîtres imbus des saines doctrines du siècle précédent. Ansani, ténor célèbre de la fin du XVIIIe siècle, qui avait soutenu avec David père une rivalité qui a divisé l'Italie en deux camps, y était professeur de chant. Homme d'un goût parfait, instruit, disant aussi bien la musique large et de sentiment que celle qui exigeait de la flexibilité, Ansani était si peu lecteur, que les élèves étaient obligés de lui apprendre le morceau sur lequel ils désiraient avoir ses conseils. Garat, qui fut un virtuose de génie et qui a formé au conservatoire de Paris les meilleurs chanteurs français des vingt premières années de ce siècle. Garât n'était pas un musicien plus instruit que ne l'ont été Ansani, Rubini, David fils ou Mme Pasta. Dans certaines organisations délicates, il y a une sorte d'instinct qui supplée, pour les arts d'exécution, à la connaissance des signes matériels de la langue; il est même quelquefois dangereux de réveiller ces natures bien douées, et de vouloir leur communiquer trop tard ce qui ne s'apprend parfaitement que dans la jeunesse. On pourrait presque affirmer que le meilleur résultat qu'on puisse obtenir d'une longue pratique de l'art, c'est de reconquérir la liberté première de l'instinct qu'on a dû perdre pendant les années d'initiation. « Quiconque, a dit admirablement Beethoven, est *arrivé à quelque chose* a dû oublier le *savoir-faire...* Il a dû *perdre son chargement d'expérience...* » Topffer a fait aussi sur ce sujet intéressant des remarques non moins fines que judicieuses[2]. Lablache m'a souvent avoué qu'il devait à son maître Ansani tout ce qu'il avait appris comme détail de vocalisation, la bonne émission de la voix, son assouplissement graduel et la diction parfaite, qui était l'une des plus belles qualités de son talent; mais l'homme qui a le plus heureusement influé sur la destinée de Lablache, comme chanteur dramatique, ce fut Raffanelli, bouffe excellent, qui a fait partie de la fameuse troupe de chanteurs italiens qui vint à Paris en 1789. Lablache a rencontré cet artiste distingué, dont les vieux amateurs de Paris se souviennent encore avec plaisir, au théâtre de la Scala, à Milan, où il remplissait les modestes fonctions de régisseur. Dans toute la fleur et l'ardeur de la jeunesse, Lablache se soumit, en grand artiste qu'il était déjà, aux conseils et à la vieille expérience de Raffanelli. Celui-ci allait se blottir au fond d'une loge obscure pendant les répétitions générales, et faisait ses remarques sur le jeu, la diction et la manière de chanter de son brillant émule. Le lendemain, Lablache corrigeait, ajoutait ou modifiait ses effets jusqu'à ce qu'il eût satisfait le goût difficile de ce vieux Chiron de l'*opera buffa*. Ce sont les conseils de Raffanelli qui ont fait comprendre à Lablache que la musique bouffe des vieux maîtres napolitains devait être autrement chantée que celle de Mozart ou de Rossini. Ces nuances dans l'expression de la gaieté humaine, qui semblerait devoir être aussi invariable que la cause qui la produit, constituent la supériorité de l'artiste dramatique qui en sait rendre l'accent, car il est bien évident que la gaieté de Beaumarchais ne ressemble pas à celle de Molière, pas plus que le *brio* mordant du *Barbier de Séville* ne peut être confondu avec la gaieté sereine et bénigne du Mariage secret. Personne n'a égalé Lablache dans cet art si difficile des métamorphoses dramatiques. Il était curieux de connaître la tradition des grands artistes qui l'avaient précédé dans la carrière, et il ne manquait pas une occasion qui pouvait lui apprendre quelque ruse oubliée de l'art infini d'exprimer les sentimens. Aussi, dans les villes qu'il a successivement visitées, Lablache recherchait avant tout la société des artistes et des hommes de goût qui appartenaient à une autre génération. Il m'a souvent parlé avec enthousiasme de Mme Tomeoni, qu'il a connue à Vienne, cantatrice distinguée pour qui Cimarosa avait écrit le rôle de Fidalma du *Mariage secret*. Il a connu aussi dans sa jeunesse, à Naples, la vieille Coltellini, Mme Mericofre, cantatrice et comédienne du plus rare mérite, qui a créé les rôles de la Molinara, de la Cuffiara et de la Nina de Paisiello. « C'était la femme, la cantatrice la plus parfaite que j'aie rencontrée dans ma vie, me disait un jour Lablache. J'ai eu souvent le plaisir de faire de la musique avec elle. Entre autres morceaux que nous aimions à chanter ensemble, je vous citerai un duo de *la Serra padrona* de Paisiello, où je fus émerveillé de l'esprit, de la verve et du style que déployait cette excellente *vecchierella,* qui m'a fait comprendre ce qu'a dû être l'art de chanter *ne' tempi beati.* »

Voilà par quels chaînons intermédiaires Lablache a pu remonter jusqu'à la source de la vieille école italienne, et réunir dans son admirable talent des qualités si diverses. Il aimait son art avec une passion si vive et si sincère, qu'il était heureux de trouver des personnes qui partageassent son antipathie pour certaines tendances de la musique moderne. La première fois que j'eus l'honneur de me rencontrer avec Lablache (c'était dans le magasin d'un éditeur de musique où il faisait de fréquentes stations nécessitées par sa vaste corpulence), la conversation ayant tourné aussitôt vers le sujet qui intéressait le virtuose, je fis une sortie des plus vives contre les ouvrages de M. Verdi, qu'on commençait à donner au Théâtre-Italien. J'appuyai ma thèse de quelques citations empruntées aux chefs-d'œuvre de l'ancienne école, et je me rappelle que je chantonnais même une cantate d'Astorga et un fragment d'un madrigal de Scarlatti, — *cor moi, deh ! non languire.* — Je voyais sur la belle figure de Lablache l'expression d'une joie intime qui encourageait ma verve. J'étais à peine sorti, que Lablache, ayant demandé mon nom à la maîtresse de la maison, courut après moi et me dit : « Vous m'avez fait un bien grand plaisir! » Je m'inclinai en lui répondant que le profit de l'entretien avait été tout en ma faveur. « Trêve de complimens, répliqua Lablache. Je pense exactement comme vous, et depuis longtemps; mais, comme je suis plus âgé que vous, je me dis intérieurement : Tu vieillis, tu n'es plus en état de comprendre la beauté des nouvelles transformations de l'art! Vos paroles m'ont donc enchanté, puisqu'elles me prouvent que je ne suis pas aussi bête que je le croyais. » En disant ces mots, il me tendit la main avec un large et bon sourire.

Quelle qu'ait été la distinction de Lablache dans tous les genres de musique qu'il a voulu aborder, quelque admirable qu'il fût dans certains rôles de l'*opera seria*, tels que celui d'Assur de *Semiramide*, de Fernando de *la Gazza ladra*, d'Elmiro d'*Otello*, d'Henri VIII d'*Anna Bolena*, dans l'*Agnese* de Paër et dans l'*Elisa e Claudio* de Mercadante, c'est dans l'*opera buffa* qu'il était vraiment supérieur, et dans certains rôles de l'ancien répertoire il était inimitable. L'obésité précoce qui s'est emparée de Lablache, et sa formidable voix, qu'il ne pouvait pas faire manœuvrer avec la volubilité nécessaire à la musique de Rossini, l'ont forcé d'abandonner de très bonne heure les rôles importans de l'*opera seria*, où il avait des rivaux redoutables, comme Galli, Zucchelli et Pellegrini, qui était si beau dans l'*Agnese* de Paër. Gêné par son vaste abdomen, Lablache n'avait pas la respiration assez longue pour dire les phrases calmes et développées avec la sonorité modérée et ce long horizon dans le style qu'il concevait si bien. C'est dans les ensembles qu'il fallait entendre Lablache, dans l'introduction de *Semiramide,* dans le finale d'*Otello,* dans celui du troisième acte de *Moïse,* dans la *Norma,* dans l'introduction de *Lucrezia Borgia* et dans le finale du *Barbier de Séville.* Dans ces formidables unissons de voix et d'instrumens, Lablache dominait comme Stentor au milieu des Grecs ahuris, et ses notes retentissaient dans les profondeurs de l'harmonie comme

Il rauco suon della tartarea tromba !

Les rôles comiques que Lablache a plus particulièrement marqués de son originalité créatrice, ce sont *il podestà* de *la Gazza,* Bartolo du *Barbier de Séville,* Campanone de *la Prova d'un opera seria,* don Magnifico de la *Cenerentola,* don Pasquale, qui a été écrit expressément pour lui, et Leporello dans le chef-d'œuvre de Mozart. Jamais le personnage si compliqué de Bartolo n'a été rendu avec l'ampleur de caractère qu'y déployait Lablache. Comme il chantait l'air si difficile : *A un dottor della mia sorte,* et avec quelle bonhomie charmante il disait le petit couplet vieillot : *Quando mi sei vicina* du second acte! Personne n'a rendu comme Lablache l'air incomparable de Leporello :

Madamina, il cattalogo è questo,

avec ce mélange exquis d'émotion honnête et d'ironie tempérée qu'exige toujours la musique de Mozart. Dans le sextuor du second acte, l'un des morceaux d'ensemble les plus compliqués de rhythme et de modulations qu'il y ait au théâtre, Lablache était prodigieux ; il attirait tout à lui et dominait l'exécution comme un chorége puissant. Cependant le rôle où Lablache était sans égal, c'est celui de Geronimo du *Mariage secret*. Les avantages physiques de Lablache, ses sentimens d'honnête homme et de bon père de famille, son esprit ouvert, sa franche gaieté et ses penchans d'artiste avaient trouvé dans ce personnage du chef-d'œuvre de Cimarosa leur plus complète manifestation. Il en est ainsi de presque tous les artistes dramatiques. Quelles que soient la variété de leur répertoire et la souplesse de leurs facultés d'imitation, ils ont toujours un rôle qui, plus que tous les autres, répond à leurs affinités secrètes. Mlle Rachel était tout entière dans le rôle de Phèdre, comme Mme Malibran dans celui de Desdemone. Aucune cantatrice n'a chanté le rôle de Tancredi comme Mme Pasta, et Mme Mainvielle-Fodor a laissé des souvenirs ineffaçables dans la Ninetta de *la Gazza ladra* par sa merveilleuse et riche vocalisation. Mme Grisi dans la *Norma*, Rubini dans *la Sonnambula*, Duprez dans Arnold de *Guillaume Tell*, Nourrit dans *Robert-le-Diable*, Levasseur dans Bertram, et Pellegrini dans Figaro du *Barbier de Séville*, etc., semblaient être moins des comédiens chargés de traduire une conception de l'art que des êtres réels exprimant leurs propres sentimens. Tel était aussi Lablache dans *il Motrimonio segreto*.

Dès les premières mesures de son air :

Udite, tutte, udite,

la joie entrait dans la maison. Comme il exagérait l'importance d'un mariage avec un homme titré :

Un matrimonio nobile,

et quel bonheur on voyait éclater sur ce large et beau visage paternel ! Dans le premier finale, Lablache était d'un comique digne de Molière, lorsque Geronimo cherche à excuser auprès de ses filles le malentendu du comte Robinson :

Voi credete che i signori
Facciaa come li plebei.

Il était impossible de rendre avec plus de vérité la curiosité d'un homme sourd qui a la prétention qu'on ne s'aperçoive pas de son infirmité. Dans le second finale qui termine le premier acte, Lablache, en grand artiste qu'il était, passait

Du grave au doux, du plaisant au sévère,

en accusant les nuances des sentimens les plus délicats. Sa voix magnifique suffisait pour donner à cet admirable sextuor, si clairement écrit, la sonorité d'un vaste ensemble. Prodigieux d'entrain et de franche bonhomie dans le fameux duo avec le comte Robinson : *Se fiato in corpo avete*, Lablache était sublime dans le finale du second acte, alors que Geronimo maudit la pauvre Caroline repentante. Je n'ai jamais pu voir cette scène touchante où Lablache savait si bien exprimer le courroux, la douleur et la bonté d'un cœur paternel, sans que mes yeux se remplissent de larmes. Oh ! que l'art ainsi compris est une chose digne d'admiration !

Je dînais un jour chez Lablache. C'était pour fêter je ne sais plus quel anniversaire des annales domestiques. La belle et nombreuse famille du grand artiste, filles, garçons et petits-enfans, était toute réunie autour de la table paternelle. J'étais le seul étranger admis, ce jour-là, à jouir d'un si touchant spectacle. Assis à côté de Lablache, dont la haute stature et la noble tête s'élevaient au-dessus de ce monde joyeux dont il était le patriarche, je lui dis tout bas, non sans quelque émotion : « Il me semble voir la belle famille du bon Geronimo réconciliée, Carolina à côté de Paolino son époux, Elisetta près du comte Robinson, Fidalma, tout le personnel de l'adorable chef- d'œuvre de Cimarosa, que personne ne jouera et ne chantera comme vous. » Il me serra la main, en faisant signe à sa femme, Teresa Pinotti, qu'elle eût à me remercier du beau compliment que je venais de lui faire.

L'histoire du Théâtre-Italien de Paris peut se diviser en quatre grandes époques, dont chacune correspond à une date importante de nos vicissitudes politiques. En 1789, il vint à Paris une troupe de chanteurs italiens qui s'établit aux Tuileries sous le patronage de Monsieur, le comte de Provence. Cette troupe remarquable, où se trouvaient Raffanelli, Rovedino, Mandini et sa femme, couple de virtuoses excellons, Viganoni, un des meilleurs ténors qui aient existé, et la ravissante Mme Morichelli, chantait les opéras de Guglielmi, de Paisiello, de Cimarosa, de Sarti et des maîtres secondaires de la fin du XVIIIe siècle. Elle est restée à Paris jusqu'à la révolution du 10 août 1792.

Au commencement du consulat, en 1801, une seconde troupe de chanteurs italiens se forma, sous la direction de Mlle Montansier, au Théâtre-Olympique de la rue Chantereine. On y remarquait encore le bouffe Raffanelli, Parlamagni, Lazzarini, ténor, et Mme Strinasacchi. Ils débutèrent par le *Matrimonio segreto* de Cimarosa. Cette période de l'empire fut aussi terne pour l'opéra italien que pour tous les autres arts, malgré le goût très vif de l'empereur Napoléon pour la musique italienne, surtout pour celle de Paisiello. Crescentini et Mme Grassini ne chantaient qu'à la cour devant un public d'élite, qui seul était admis à apprécier de si beaux talens. Parmi les virtuoses qui ont brillé au Théâtre-Italien de cette époque, on peut citer le nom charmant de Mme Barilli et le fameux Crivelli, ténor remarquable, qui se fit admirer dans *Pirro* et la *Nina* de Paisiello. Avec la restauration commence une ère nouvelle aussi bien pour le Théâtre-Italien que pour tous les arts de l'esprit. Les chefs-d'œuvre de Rossini et de Mozart, entremêlés de quelques ouvrages moins considérables, sont interprétés par des chanteurs de premier ordre devant un public digne de les apprécier. Mme Pasta, Mlles Naldi, Cinti, Sontag, Mombelli, avec Garcia, Pellegrini, Zucchelli, Galli, Bordogni, etc., formaient une troupe de chanteurs qui n'a pu être égalée que par celle qui lui a succédé en 1830.

Les dix-huit années de la monarchie de juillet forment la quatrième époque de l'histoire du Théâtre-Italien depuis 1789. Rossini, Mozart, Cimarosa, suivis de la nouvelle génération de compositeurs Bellini, Donizetti, Mercadante, Paccini, etc., trouvent dans Mme Malibran, dans Rubini, Tamburini, Mlle Grisi et Lablache des interprètes incomparables.

Dans cette troupe de chanteurs d'élite qui, pendant vingt-deux ans, a fait l'étonnement de la France et de l'Angleterre, Lablache était une exception. La nature l'avait doué d'un physique imposant et d'une voix merveilleuse. Comédien accompli et chanteur éminent, il était beau dans tous les rôles de son vaste répertoire, et aucun style n'était inaccessible à sa souple intelligence; mais c'est dans l'*opera buffa* que Lablache était surtout remarquable, et le personnage de Geronimo du *Mariage secret* a été sa création la plus étonnante. Le chef-d'œuvre de Cimarosa interprété par un artiste comme Lablache forme une date glorieuse de l'histoire de l'art. Quand on a vu de telles merveilles résumant toute une époque, on peut s'écrier : *Et nunc dimittis. Domine, quia viderunt oculi mei salutarem tuum.*

P. SCUDO.

1. ↑ Jean David, célèbre ténor, qui a été le modèle de Rubini, et pour qui Rossini a écrit de nombreux chefs-d'œuvre, entre autres le rôle d'Otello, est mort tout récemment dans un hôpital de Moscou. Quelle douloureuse destinée!
2. ↑ Voyez *Menus Propos*, t. II, p. 114.